I0197350

Ye

85238

AUX MANES
DE VOLTAIRE,
DITHYRAMBE
QUI A REMPORTÉ LE PRIX
au jugement de l'Académie Françoise
en 1779.

Nec quisquam Ajacem possit superare, nisi Ajax.
OVIDE.

A PARIS,
Chez DEMONVILLE, Imprimeur-Libraire de l'Académie
Françoise, rue S. Severin, aux Armes de Dombes.

M. DCC. LXXIX.

L'AUTEUR de cette Pièce ne s'eſt point nommé; mais il a fait ſavoir à l'Académie par une voie non-ſuſpecte, que des raiſons perſonnelles ne lui permettoient pas de ſe faire connoître. En conſéquence, la Médaille du Prix a été donnée à l'Auteur qui a obtenu l'Acceſſit.

AUX MANES DE VOLTAIRE,
DITHYRAMBE (1).

Quel est donc ce Vieillard, ce Mortel adoré,
Qui traîne sur ses pas tout un Peuple enivré ?
Sur lui tous les regards, tous les vœux se confondent ;
Formant un même cri, mille voix se répondent.
Jour qui va couronner les destins les plus beaux !
Jour fait pour payer seul un siècle de travaux !
Ô triomphe !... François, gardez-en la mémoire ;

---

(1). Quoique la Poésie dithyrambique fût originairement consacrée à Bacchus, l'Auteur a cru pouvoir, à l'exemple de plusieurs Écrivains anciens & modernes, donner ce nom à un Poème Lyrique composé de vers de différentes mesures. Cette variété convenoit sur-tout à un sujet susceptible de tous les tons ; & d'ailleurs, le Dithyrambe étoit une espèce de Poésie triomphale, comme le désigne son étymologie grecque, qui signifie double triomphe, δις θρίαμβος. Pindare en fit souvent usage, comme l'atteste Horace : *Seu per audaces nova Dithyrambos*, &c.

C'est VOLTAIRE, courbé fous foixante ans de gloire.
Il s'avance, à fon front les lauriers vont s'offrir;
Tous, vous vous difputez le droit de l'en couvrir.
Jouiffez, il jouit : fa vieilleffe attendrie
Renaît pour refpirer l'encens de la Patrie.
Vos cris ont retenti dans fon cœur confolé;
Vous avez vu fes pleurs, & vos pleurs ont coulé.
Du Génie & du Temps l'ouvrage fe confomme,
Tous les cœurs font heureux des honneurs d'un grand
      Homme.
De vos vœux réunis il reçoit les tributs :
« Qu'il triomphe! qu'il vive »! Il l'entend.... il n'eft plus.

IL n'eft plus!... Prends ton vol, agile Renommée!
    Aux bouts de la Terre alarmée,
Porte de tes cent voix le plus lugubre accent;
    Qu'on le répète en gémiffant.
Annonce un jour de deuil à tout Être qui penfe;
    Et nous, quand Voltaire s'élance
    Vers l'Olympe des demi-Dieux,
Saluons par nos chants fes Manes radieux.
Que la Nature entière, à fa perte attentive,
Les Beaux-Arts orphelins, l'Humanité plaintive,
    Lui confacrent de longs adieux.

LES Morts fe font émus, & les Ombres célèbres
Ont paru s'ébranler fous les marbres funèbres.
Sous fa pierre ignorée Homère a treffailli.
Aux champs de Port-Royal Racine enfeveli,
A d'un nouveau murmure attrifté cette enceinte,
Aujourd'hui défolée, & qui jadis fut fainte.

Du Capitole antique, où le Tasse erre en vain,
Les rochers ont gémi, frappés d'un cri soudain.
Le laurier renaissant, à Virgile fidelle,
A courbé ses rameaux sur sa tige immortelle.
Dans les caveaux sacrés, dernier séjour des Rois,
Un écho lamentable a retenti trois fois;
Trois fois, sous la noirceur des voûtes sépulchrales,
S'élevant du milieu de ces tombes Royales,
Une voix a redit dans ce morne séjour:
« Le Chantre de HENRI vient de perdre le jour »!

 Ô ROI, l'honneur de la Nature!
Oh! qu'il dût chérir ses succès,
Quand sa main jeune, & déjà sûre,
Offrit ton image aux François!
Il peignit tout un Peuple en larmes,
Jetant ses criminelles armes
Aux pieds d'un Vainqueur adoré;
Et ton nom, l'amour de la Terre,
Quand il fut chanté par VOLTAIRE,
En devint encor plus sacré.

 LÀ, d'une sublime magie
Développant tous les secrets,
De la poétique énergie
Il sait animer ses portraits.
Je vois Charles docile au crime,
Instruit à flatter sa victime;
Médicis, savante à tromper;
Mornay, dans les combats tranquille;
Coligny, la tête immobile
Sous le fer qui va le frapper.

C'est-là que sa douleur profonde,
Pleurant les maux qu'on nous a faits,
Dénorce aux arbitres du Monde
Le Fanatisme & ses forfaits.
Aux vieux prodiges de la Fable
Préférant la sagesse aimable
Qui console l'humanité,
Il a, d'une main fortunée,
Conduit Calliope étonnée
Sur les pas de la Vérité.

Du Tibre & des bords de la Grèce,
Qui se partageoient sa faveur,
Vers nous cette fière Déesse
Tourna son vol consolateur.
France! une Muse si hautaine
Vint chez les Nymphes de la Seine
Pour entendre un de ses soutiens;
Et dans leur demeure accueillie,
Couvrit leur urne énorgueillie
D'un laurier qui manquoit aux tiens.

Mais d'où partent ces cris? par quel secret empire
Cet accent douloureux & m'effraie & m'attire?
Muse qui m'as conduit, où suis-je transporté?
Toi qui fais aux Dieux même adorer l'harmonie,
  Elève mon génie,
Et de ces grands objets peins-moi la majesté.

Un Temple ouvre à mes yeux son enceinte sacrée,
De cyprès, de tombeaux & d'ombres entourée.

Deux Spectres font debout fur ce lugubre feuil :
L'un, la tête inclinée, enveloppé de deuil,
Exprimant fur fon front fes touchantes alarmes,
Semble aimer fa douleur & fe plaire à fes larmes ;
Sa poitrine élevée eft pleine de fanglots :
Hélas ! c'eft la Pitié, qu'attendriffent nos maux.
L'autre a le regard fixe & la bouche entr'ouverte :
L'image du péril à fes yeux femble offerte ;
Ses cheveux hériffés, fa finiftre pâleur,
Tous fes traits altérés me montrent la Terreur.
Ô du plus beau des Arts augufte Souveraine !
Voilà ton Sanctuaire : oui, c'eft toi, Melpomène,
C'eft toi, je reconnois tes attributs divins,
Le fceptre & le poignard qui brillent dans tes mains,
Ces vêtemens pompeux dont l'éclat t'environne,
Et ces feftons fanglans qui forment ta couronne.
Tes foutiens les plus chers, que toi-même as choifis,
Tous, fur des fièges d'or, près de toi font affis.
Ah ! combien je leur dois & d'encens & d'hommages !
Je fuis depuis long-temps heureux par leurs ouvrages.
Je les vois : le laurier qui ceint des cheveux blancs,
M'annonce ce Vieillard qui triomphe à cent ans,
Sophocle !... Près de lui, le voilà ce grand Homme,
Qui porte fur fon front la majefté de Rome ;
Des Héros dans fes traits refpire la grandeur.
Moins fublime & plus doux, fon Rival enchanteur
Aux Graces, à l'Amour emprunte tous leurs charmes ;
Entre Euripide & lui l'Amour verfe des larmes.
Auprès de Crébillon Efchyle ici placé,
Le contemple, furpris de fe voir furpaffé.

Tous ces Esprits divins que Melpomène assemble,
Mortels devenus Dieux, qui jouissent ensemble,
Dans ce séjour céleste où brille leur splendeur,
Attendent aujourd'hui leur fameux Successeur.

La trompette a sonné: les voûtes en frémissent;
Du Parvis ébranlé les portes retentissent,
Et l'enceinte sacrée attend dans le respect.
Il paroît: un rayon parti du Sanctuaire
    Se fixe sur VOLTAIRE,
Et cette Cour de Dieux se lève à son aspect.

Soudain, conduit par Melpomène
Sous des lambris religieux,
Qui des richesses de la Scène
Gardent le dépôt précieux,
Des tableaux qu'elle nous présente
Il voit une suite imposante,
Que reproduit un art divin;
Et nouvel hôte de ce Temple,
Il se retrouve & se contemple
Dans les chef-d'œuvres de sa main.

Ici ce Consul vénérable,
Dans sa cruelle fermeté,
Verse le sang d'un fils coupable
Sur l'autel de la Liberté.
Gusman, que l'Amérique abhorre,
Tombant sous les coups de Zamore,
Pardonne à son fier Ennemi.
Vendôme, qu'un remords éclaire,

Pleure, & tend les bras à son frère,
Qu'il reçoit des mains d'un ami.

LÀ, de son épouse fidelle
Déplorable & dernier appui,
Zamti tremble en levant sur elle
Le fer qu'il ne craint pas pour lui.
César, qu'environne le glaive,
Combat encor & se soulève,
Voit Brutus, & cède à son sort.
Plus loin, l'Amant d'Aménaïde
La sauve en la croyant perfide,
Triomphe, & *va chercher la mort* *.

SORTANT de ces demeures sombres,
Armé d'un fer ensanglanté,
Ninias qu'appellent les Ombres,
Chancelle, & tombe épouvanté.
Le Ciel tonne : l'éclair rapide
Sur lui jetant un jour livide,
De son front montre la pâleur;
Et Parricide involontaire,
Il n'apprend qu'au bruit du tonnerre
Quel est son crime & son malheur.

MÉMORABLE & funeste exemple
D'un Fanatisme forcené,
Séide, aux marches de ce Temple,
Frappe un vieillard infortuné.

---

* . . . . . Et moi je vais chercher la mort.
TANCRÈDE.

La Nature s'indigne & crie,
Un monftre a trompé fa furie,
D'un père il a percé le fein;
Et ne pleurant que fur le crime,
Ce père qui meurt fa victime,
Embraffe encor fon Affaffin.

Aux clartés des flambeaux funèbres,
Auprès d'un cadavre fanglant,
Je reconnois, dans les ténèbres,
Orofmane égaré, tremblant.
Le fang coule : il voit fon ouvrage,
Ce fein qu'a déchiré fa rage,
Ce fein par l'Amour animé;
En vain il appelle Zaire,
Il la venge, s'immole, expire....
Malheureux! *il étoit aimé* *!*

De fang & de meurtre altérée,
Où va cette femme en fureur?
Quelle eft la victime ignorée
Que pourfuit fa fatale erreur?
Une voix plaintive, éperdue,
Arrête fa main fufpendue,
Que la vengeance alloit tromper;
Ce fils, objet de tant d'alarmes,
Que Mérope arrofe de larmes,
Hélas! *elle alloit le frapper* **!*

---

* Sa fœur! j'étois aimé.   ZAIRE.
** J'allois venger mon fils. — Vous allez l'immoler. MÉROPE.

UNE foule attentive, avec des yeux avides,
Voyoit se succéder ces peintures rapides,
Tantôt dans le silence, & tantôt dans les pleurs;
Mon ame répétoit l'accent de leurs douleurs.
Tous s'écrioient, VOLTAIRE!... A leur voix, l'Immortelle
Sur son trône éclatant le fait asseoir près d'elle.
Son nom d'un Pole à l'autre est soudain proclamé,
Et le Temple, à grand bruit, est sur lui refermé.

FUYEZ, Illusions! la Vérité m'appelle.
Mon œil veut contempler la Nature éternelle:
En trompant ma recherche, elle l'irrite encor.
Sur le char du Soleil Newton prend son essor,
Dans ses plus purs rayons observe la lumière,
Cherche des élémens la substance première,
Pèse cet Univers dans l'espace emporté;
Rival & confident de la Divinité,
Le Monde qu'elle a fait, c'est lui qui le mesure;
La vérité succède aux songes de Platon;
Les Dieux à Newton seul expliquent la Nature,
Et VOLTAIRE aux Humains fait expliquer Newton.

JUSQU'OÙ de ses travaux ne s'étend point la trace?
Quels nombreux monuments! & que d'objets embrasse
De ses efforts hardis l'infatigable ardeur!
Voyez sous les crayons que lui remet l'Histoire,
Ce Roi, trente ans heureux, & puni de sa gloire,
Qui créa pour la France un siecle de grandeur.

DES coups de la Fortune exemple plus terrible,
Regardez ce Héros, qui long-temps invincible,

Foule d'un pied fanglant les Trônes renverfés;
Regardez du malheur l'effroyable tempête,
Frappant, fans la courber, fon orgueilleufe tête;
Et neuf ans de fuccès en un jour effacés!

VOLTAIRE étale encor des fpectacles plus vaftes;
De l'Univers entier interroge les Faftes;
Des Siècles écoulés il remonte le cours;
Invoque aux pieds des Rois, d'une voix attendrie,
Les droits qu'attefte en vain l'Humanité flétrie,
Droits toujours réclamés, & méconnus toujours.
Il montre aux Nations, lentement éclairées,
De leurs longues douleurs les fources révérées,
Les Préjugés cruels, long-temps dominateurs,
L'Autorité fans frein, les Loix fans protecteurs,
La Superftition, qui forgeant des entraves,
Pour enchaîner le Maître, enchaîne les Efclaves,
Et qui s'environnant de l'ombre des Autels,
Ofe attacher aux Cieux la chaîne des Mortels.
Il dévoue à l'opprobre, & l'orgueil tyrannique,
Et l'hypocrite audace, & l'erreur fanatique,
Du zèle intolérant les pieux attentats;
Au-deffus de leur Trône, il montre aux Potentats
Cet heureux fondement de la morale augufte,
Cette bafe des Loix, l'intérêt d'être jufte,
Et Dieu, qui dans leurs cœurs vainement combattu,
Par la voix des remords a prouvé la vertu.
L'énergique burin que Clio lui confie,
Doit fa nouvelle empreinte à la Philofophie.
L'Homme y lit fes deftins, fes devoirs, fes malheurs;

Il s'agite, éveillé du sommeil des erreurs.
Le jeune Homme rougit des crimes de ses pères;
Le Vieillard voit s'ouvrir des Siècles plus prospères,
Et tourne, sur la fin de ses jours écoulés,
Vers un bonheur lointain, des regards consolés.

Ô DE tous les talents assemblage admirable!
Le Poëte est un Sage, & ce Sage est aimable.
Des Graces chaque jour il embellit l'Autel,
Des fleurs de son Génie il leur porte l'offrande;
Elles en ont formé leur plus belle guirlande;
Ses seuls délassements le rendroient immortel.

 Du plus riant badinage
 Il respire la gaîté,
 Mêle avec facilité
 Au poétique langage,
 La flatteuse urbanité.
 Sa Muse vive & légère,
 Prend tous les tons à son choix,
 Du Goût fait dicter les Lois,
 Chanter l'Amour & Glycère,
 Et jouer avec les Rois.
 Mais cet art n'est point frivole;
 La sagesse en est l'appui;
 Les jeux ouvrent son école,
 Dont ils écartent l'ennui;
 On l'écoute, & le temps vole.
 Elle relit pour leçon,
 Ces fruits de la fantaisie,
 Ces Écrits où la saillie

Egaya l'instruction;
Zadig, sage auprès du Trône;
Candide, dupe à Paris;
Babouc, à Persépolis;
Amazan, dans Babylône;
Les sottises de Memnon;
Et l'instinct de la Nature
Dans le bon sens d'un Huron;
Jamais plus riche imposture
N'a varié la parure
Dont s'habille la raison.

Du Théâtre à la Cour, & du Pinde à Cythère;
Signalant chaque pas de sa longue carrière,
Il a donc des Beaux-Arts couru tous les sentiers;
Orné tous les objets, cueilli tous les lauriers.
Et quel cadre assez grand pourroit à notre vue
Offrir de cet esprit l'étonnante étendue !
Tels sont (de ses talents, dans mes vers retracés,
Cette image du moins joint les traits dispersés)
Tels sont ces monts fameux, de qui la chaîne antique
Unit, en se courbant, l'une & l'autre Amérique.
Là se perd dans les cieux leur superbe hauteur,
Là s'abaisse en vallons leur vaste profondeur.
Le soleil dont les feux frappent leur cîme altière,
Sans cesse y reproduit les jeux de sa lumière.
La foudre roule & gronde au creux de leurs rochers;
Leurs côteaux ont redit les chansons des Bergers.
Sublime en ses horreurs, en ses présens pompeuse,
La Nature qui suit leur pente tortueuse,

Sur leur front, des forêts étend la majesté;
Plus loin, de la culture étale la beauté;
Des fleuves dans leur sein a caché la naissance,
Des métaux dans leurs flancs épure la substance,
Y creuse les volcans dans un brûlant foyer;
Et leur contour immense embrasse un monde entier.

Du moins, si les neuf Sœurs, arbitres de sa vie,
Avoient dans leurs travaux renfermé son génie;
Si leurs seules faveurs avoient fait ses destins!...
Mais non : il fut quitter le Pinde & le Lycée;
Rien ne fut étranger à sa vaste pensée,
Et son ame en tout temps veilla sur les humains.

Hélas! elle entendit & vengea l'Innocence,
Quand de Thémis trompée égarant la balance,
Le Fanatisme, encor nourri dans notre sein,
Changea le fer des Lois en un glaive assassin.
Ô Juges de la Terre! ô lumière incertaine!
Déplorables erreurs de la justice humaine!
Calas sur l'échafaud, Calas dans les tourmens
Meurt, appelant en vain le Dieu des innocens;
Et son supplice injuste, & sa mort impunie,
Du crime à ses enfans transmet l'ignominie.
Mais il existe un Homme attentif au malheur;
Voltaire dans l'Europe élève un cri vengeur;
Ranime de Calas la famille éplorée,
Et rend des opprimés l'infortune sacrée.
Sa voix au pied du Trône a porté leurs douleurs;
Déja d'augustes mains ont essuyé leurs pleurs.

Déja la suprême puissance,
Exerçant ses plus heureux droits,
Rend son éclat à l'innocence,
Et rétablit l'honneur des Lois.
Cet Arrêt, si tu peux l'entendre,
O Calas! console ta cendre;
Il venge ta Postérité;
Ta mémoire n'est plus ternie,
Et la victoire du génie
Est celle de l'humanité.

Ainsi ses grandes destinées
Ont protégé les malheureux;
Des palmes qu'il a moissonnées,
L'ombrage est descendu sur eux.
Créateur de tant de merveilles,
Bienfaiteur du sang des Corneilles,
Quel Mortel eut un sort plus beau?
Par-tout il grava sa mémoire,
Par-tout je rencontre sa gloire....
Et mes yeux cherchent son tombeau.

F I N.

www.ingramcontent.com/pod-product-compliance
Lightning Source LLC
Chambersburg PA
CBHW061959070426
42450CB00009BB/2276